HOW TO SOLVE SUDOKU

	3	4		5		1	7	8
6	2		4				9	
			1	3	9	6	2	4
	9	2	6	7	4	8		
3		6		1				2
	4		5	2		9	6	
2	1	3		9			4	6
4	8	9	7	6			1	3
			3	4		2		9

A Sudoku puzzle has 9 rows, 9 columns and 9 blocks (divided into 3x3 subgrids or regions). Each cell within the grid must be filled with the numbers between 1 and 9.

The goal of the sudoku puzzle is to fill in the cells so that each column, row, and region contains numbers 1 to 9 only once.

SOLUTIONS : If you get stuck on any of the puzzles, or if you want to check your answers, you can find all the solutions in the back of the book.

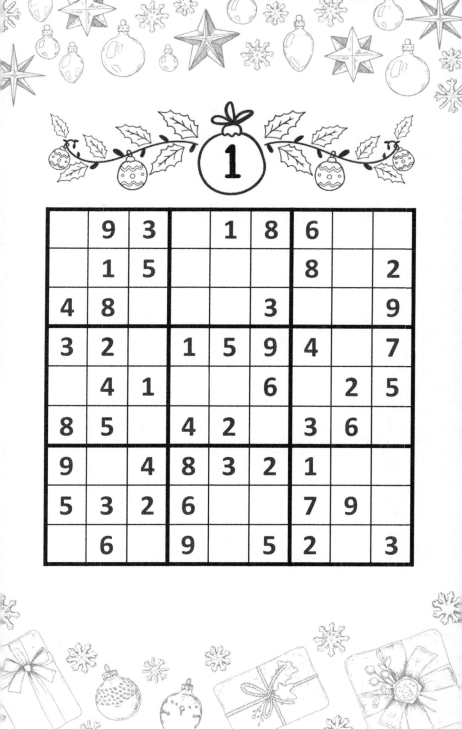

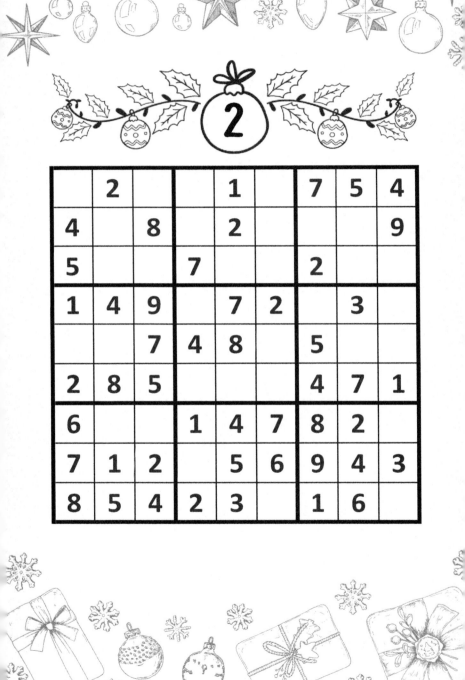

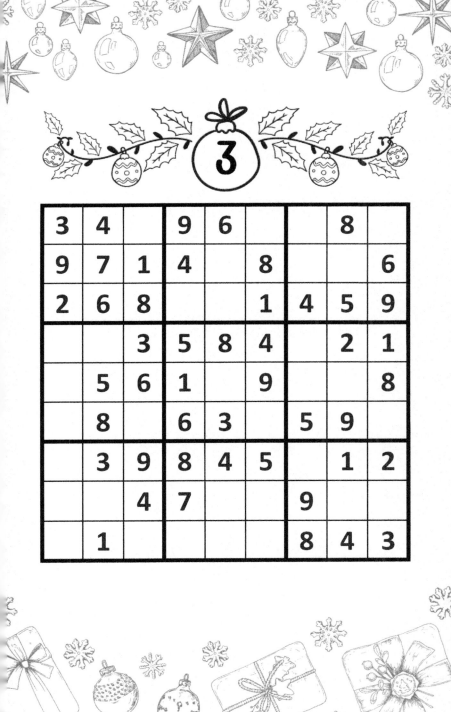

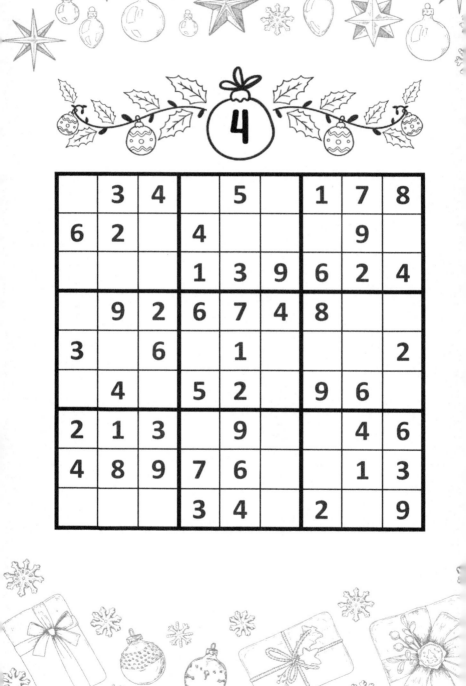

5

	9		6			2	8	1
1			4	8			7	
2		8		1		4	5	6
	8		3			1	4	2
6	1	4	2	7	5	9	3	8
3		9	1		8	5	6	7
8	4	5					9	3
7	6			3	9		2	
	3	2			4		1	5

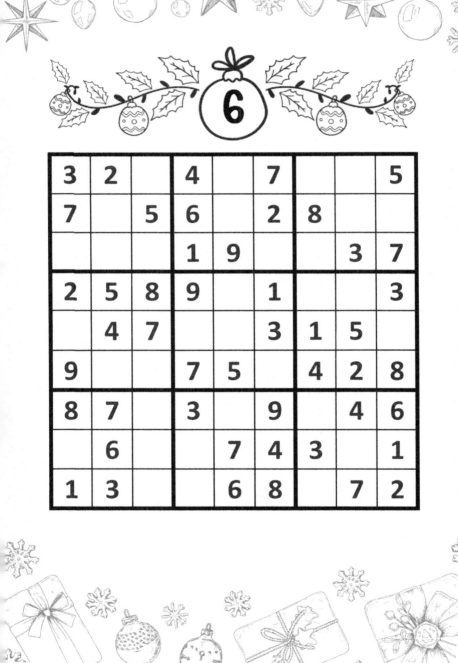

6

3	2		4		7			5
7		5	6		2	8		
			1	9			3	7
2	5	8	9		1			3
	4	7			3	1	5	
9			7	5		4	2	8
8	7		3		9		4	6
	6			7	4	3		1
1	3			6	8		7	2

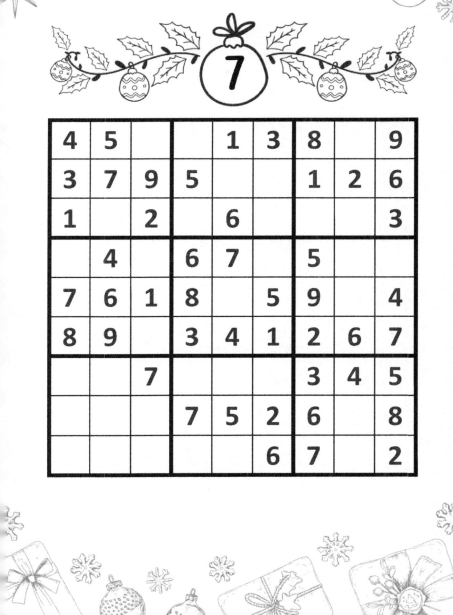

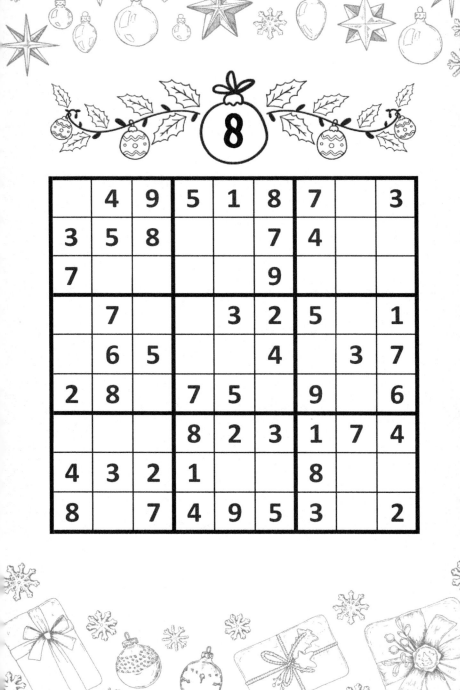

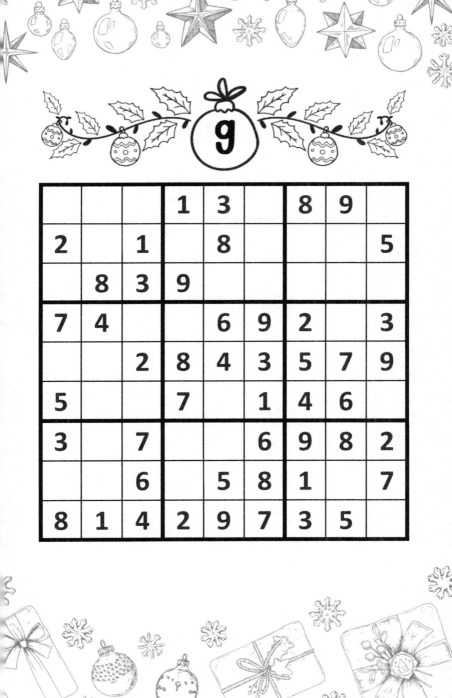

9

			1	3		8	9	
2		1		8				5
	8	3	9					
7	4			6	9	2		3
		2	8	4	3	5	7	9
5			7		1	4	6	
3		7			6	9	8	2
		6		5	8	1		7
8	1	4	2	9	7	3	5	

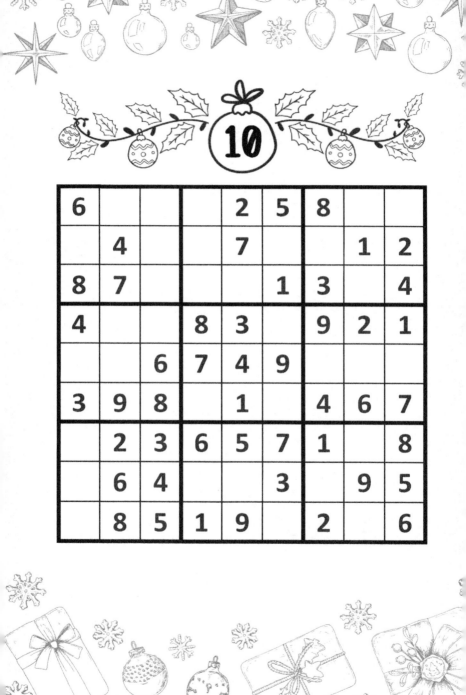

11

7	8	5			9	3	2	
1	3			4			8	
9	2		8	7		6	5	1
4	9	1			8	2		3
5			3	9	7	1		
	7	8	4	2		5		
			2	1		7	9	5
		7		3	4	8	1	6
6					5		3	2

12

		6			7		1	
8	3	7				2	9	4
1	9		2	4	8		6	
6		8	5		3	4	7	2
		4		6	2	1	3	9
		9	1		4			8
		2	3		9		8	
	6		4	8		3	2	7
	8	3	7	2	6			1

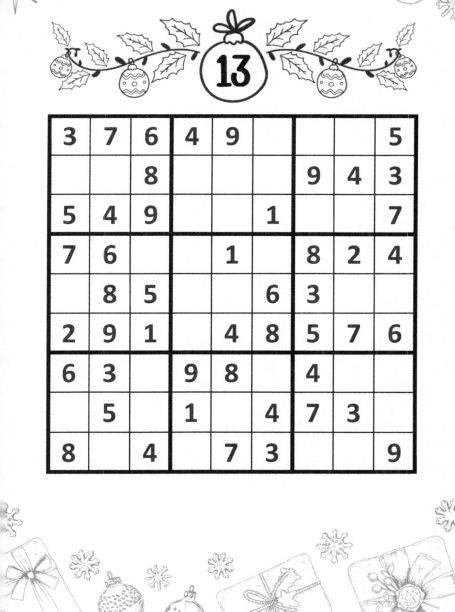

13

3	7	6	4	9				5
		8				9	4	3
5	4	9			1			7
7	6			1		8	2	4
	8	5			6	3		
2	9	1		4	8	5	7	6
6	3		9	8		4		
	5		1		4	7	3	
8		4		7	3			9

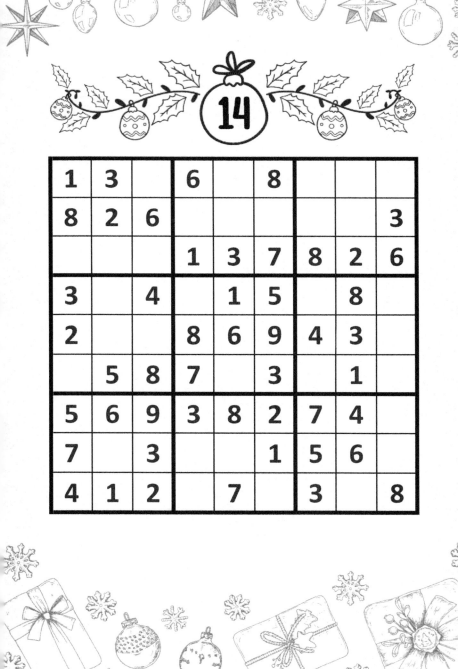

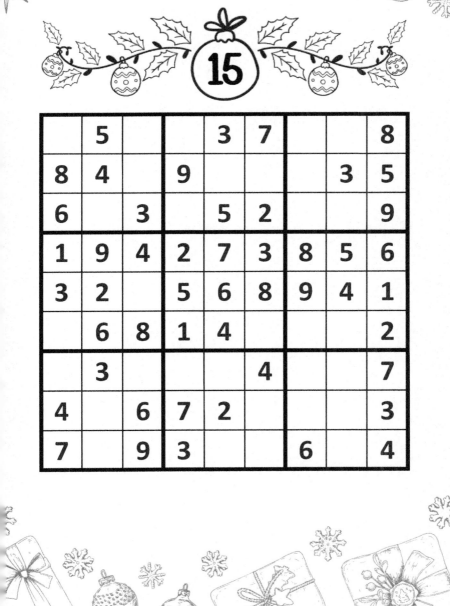

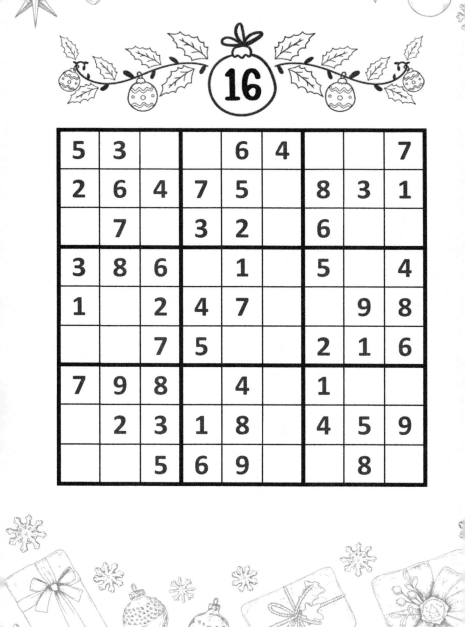

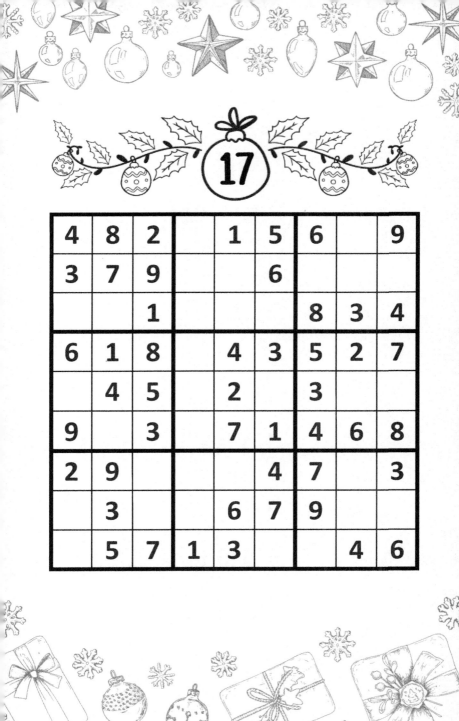

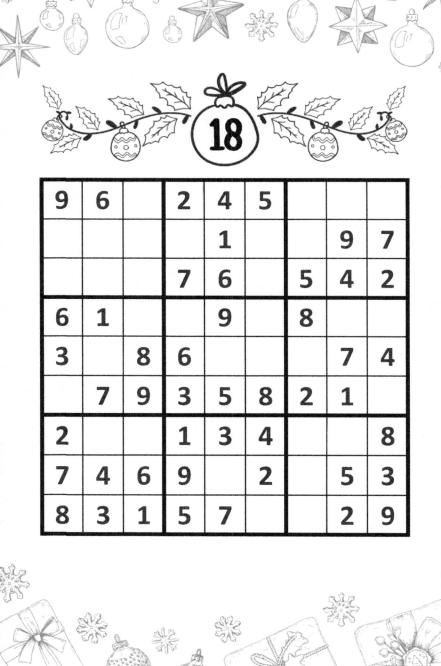

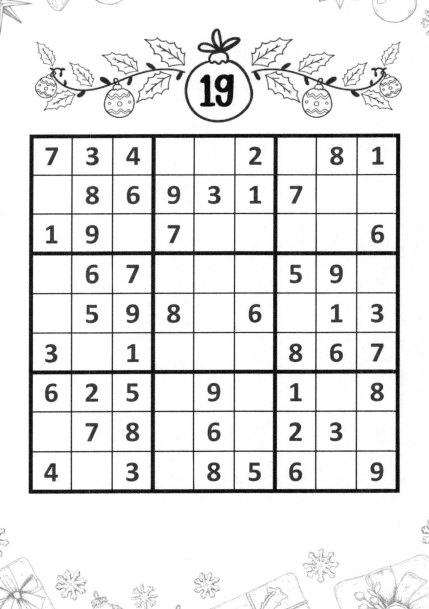

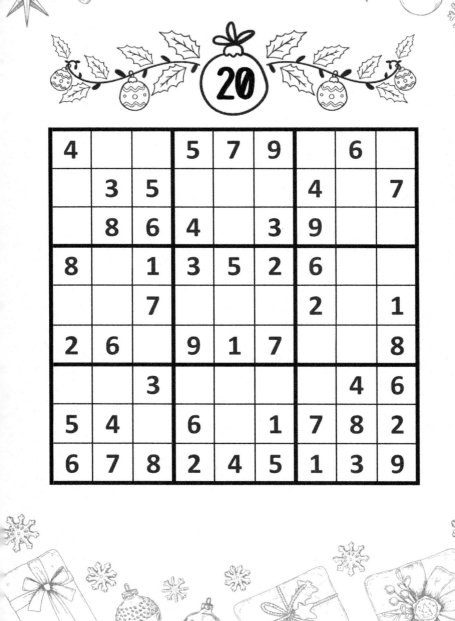

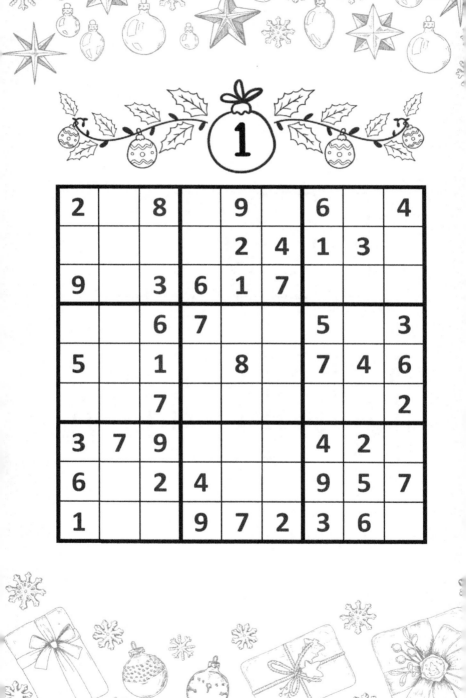

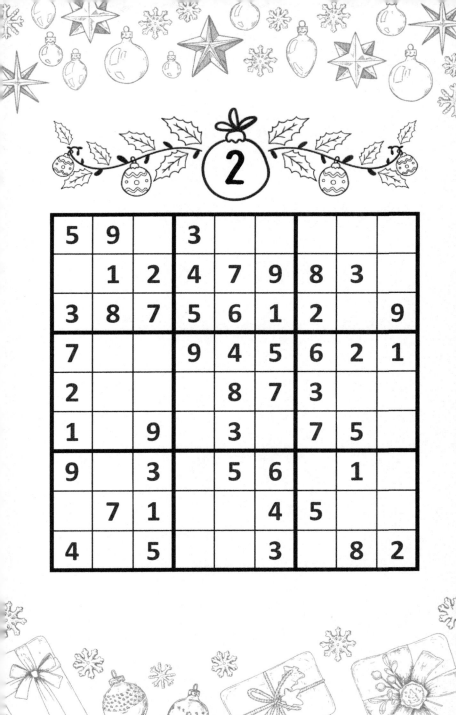

2

5	9		3					
	1	2	4	7	9	8	3	
3	8	7	5	6	1	2		9
7			9	4	5	6	2	1
2				8	7	3		
1		9		3		7	5	
9		3		5	6		1	
	7	1			4	5		
4		5			3		8	2

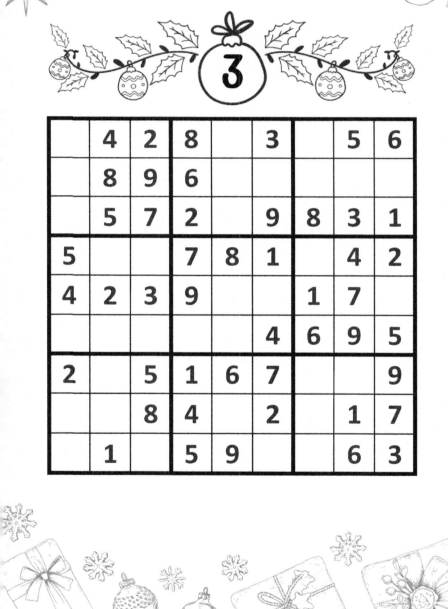

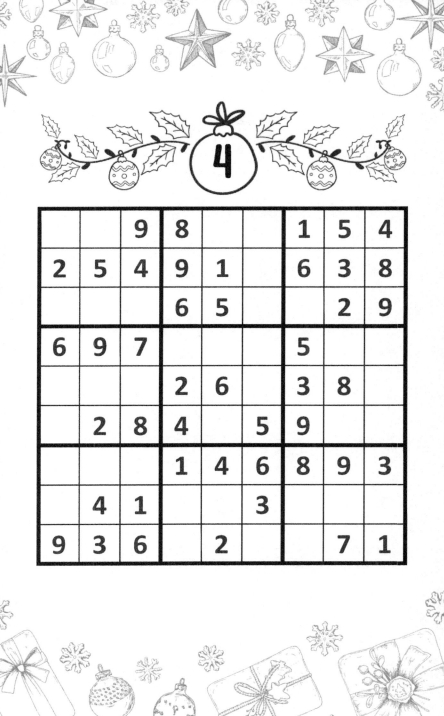

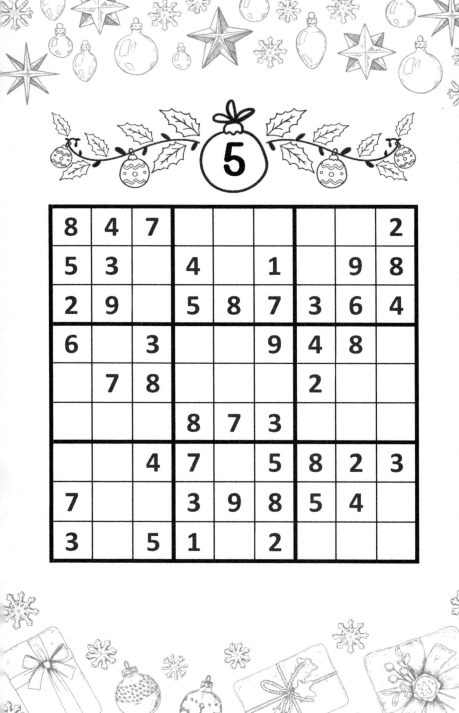

5

8	4	7						2
5	3		4		1		9	8
2	9		5	8	7	3	6	4
6		3			9	4	8	
	7	8				2		
			8	7	3			
		4	7		5	8	2	3
7			3	9	8	5	4	
3		5	1		2			

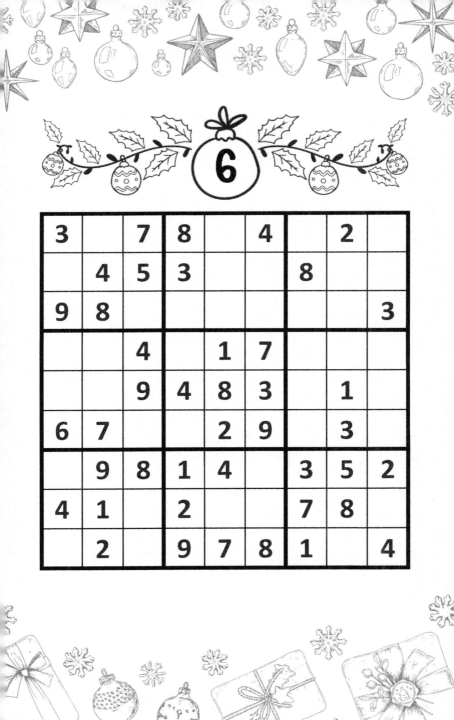

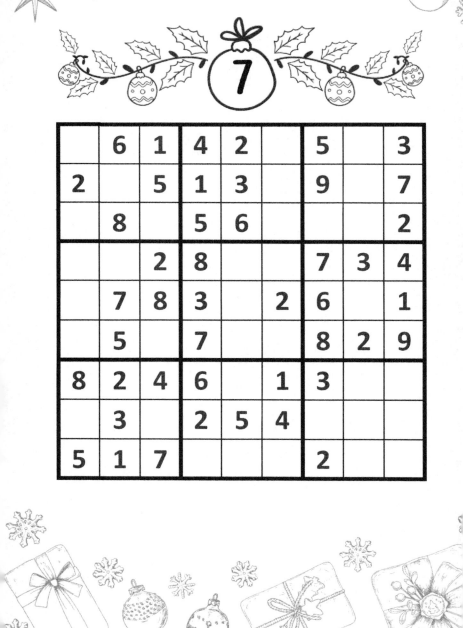

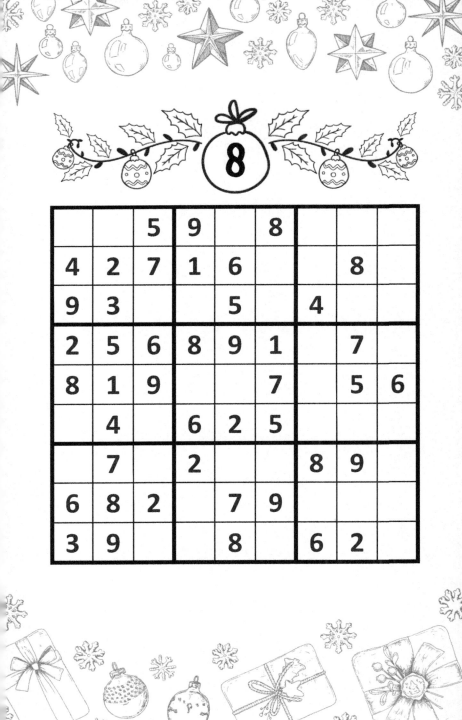

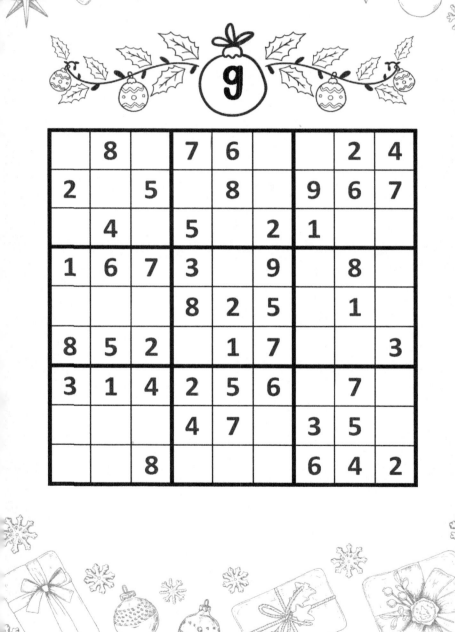

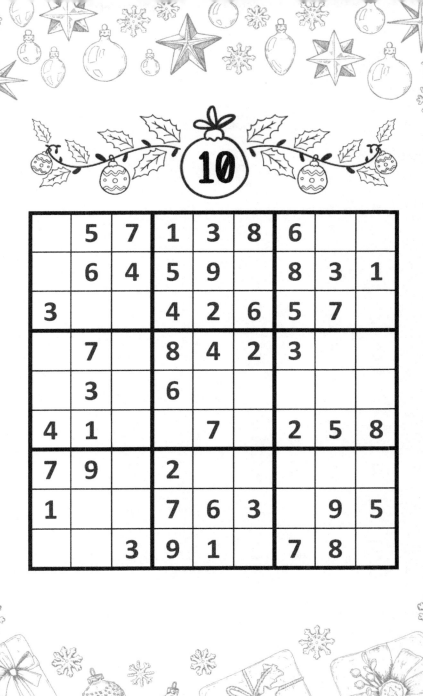

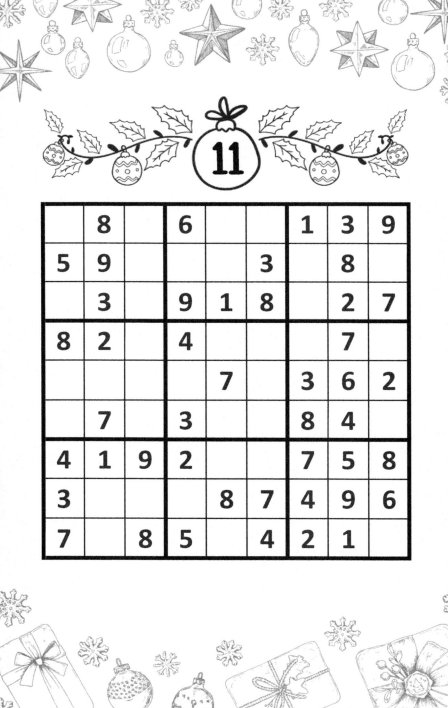

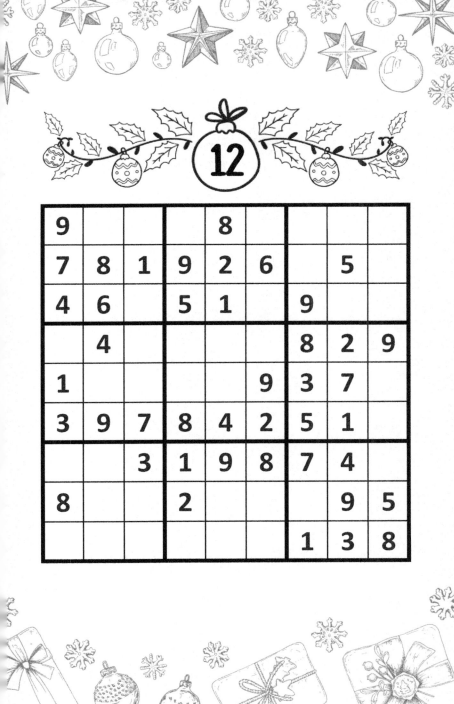

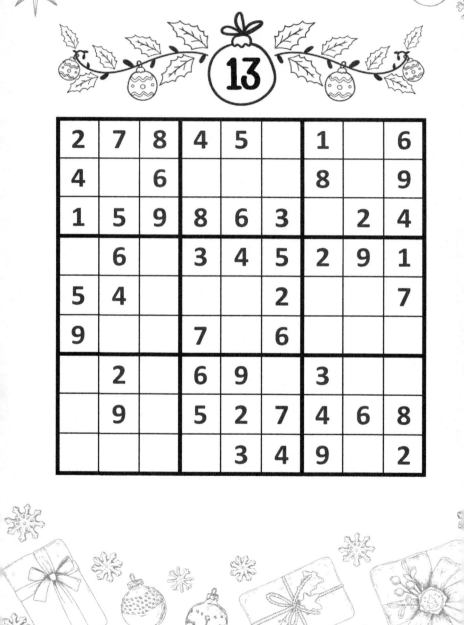

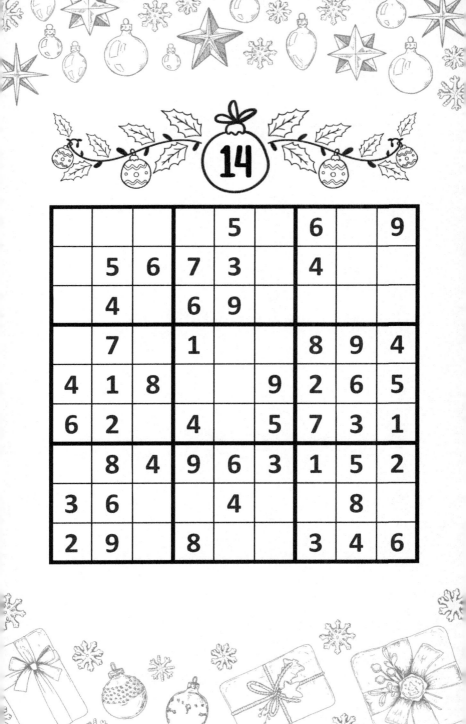

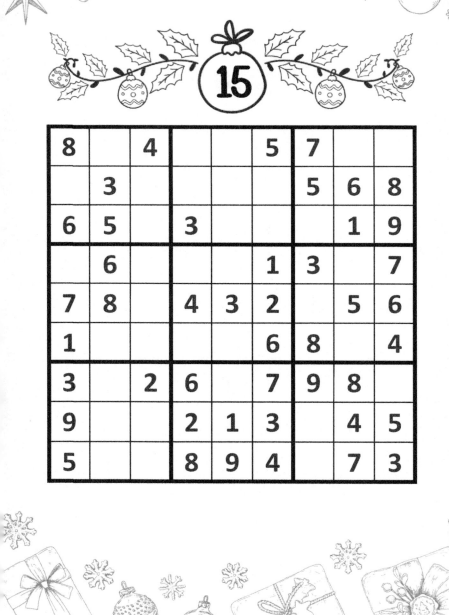

16

5		4			1	8	7	
8	1			2	7	5	4	3
		3	8	4	5	1		
9	4	2		5	6	7	3	8
	3	6	4	7		2		
		5				4	6	1
6	9							
3	2		5			6		4
4	5	1	3	6	2	9		7

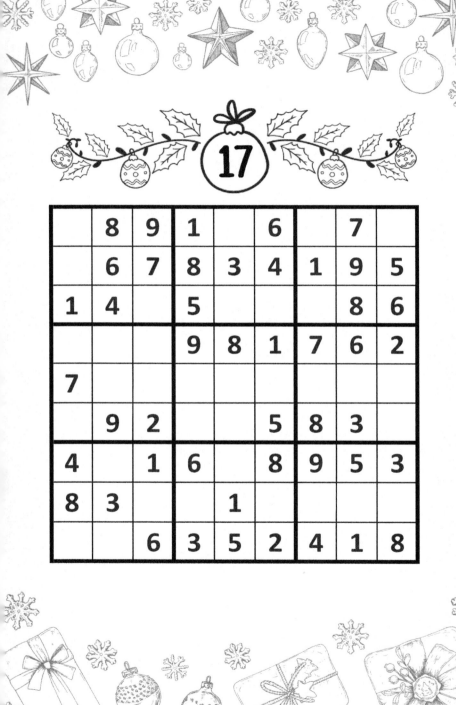

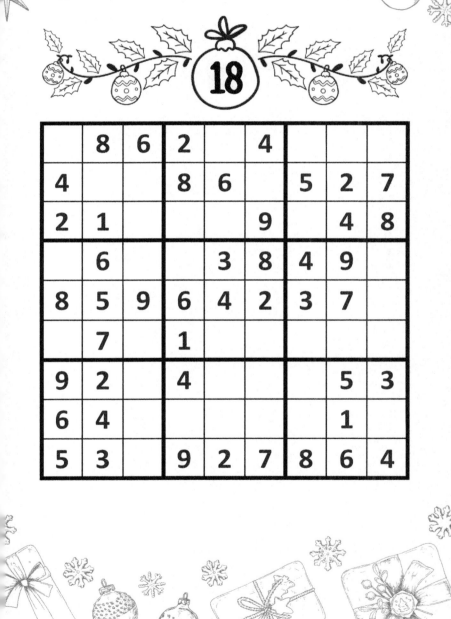

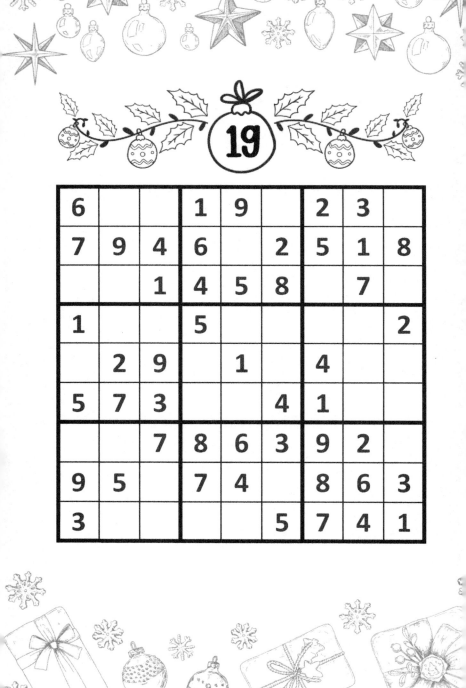

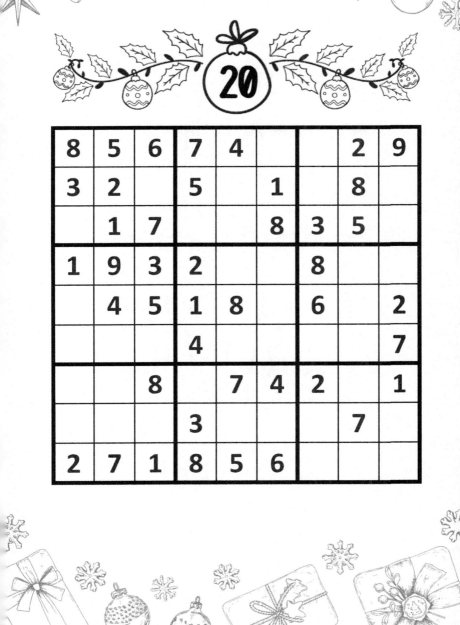

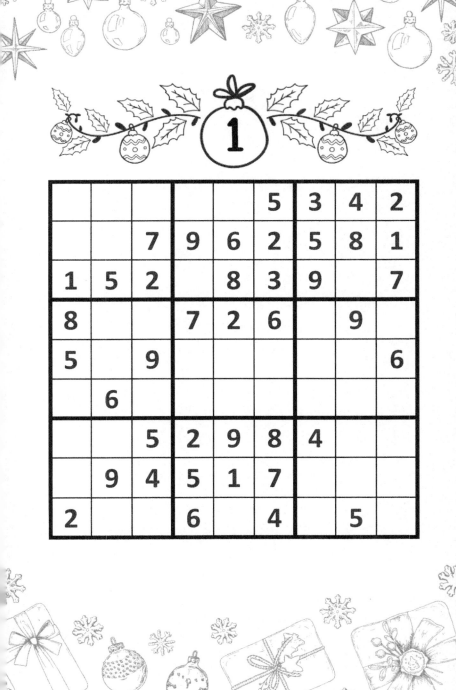

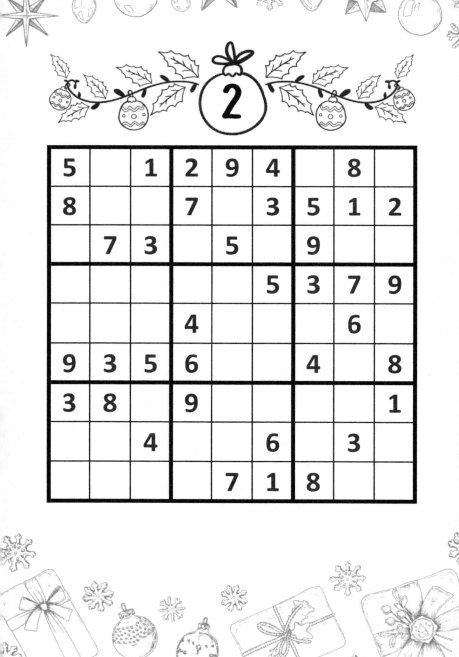

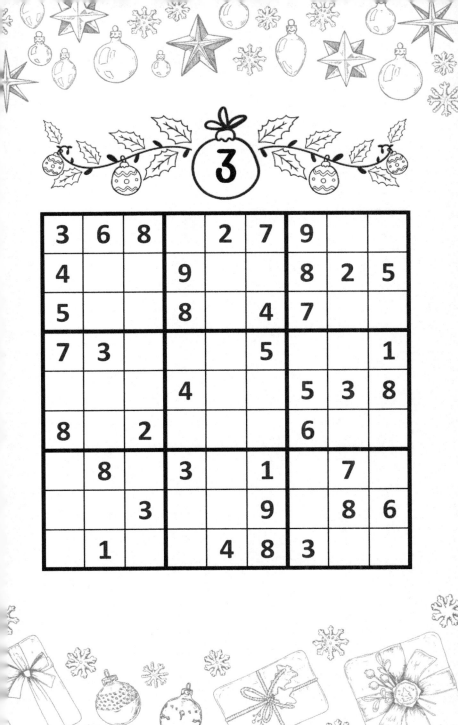

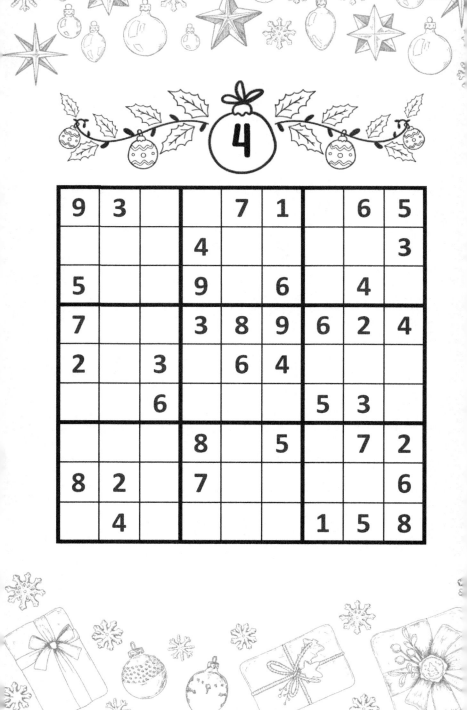

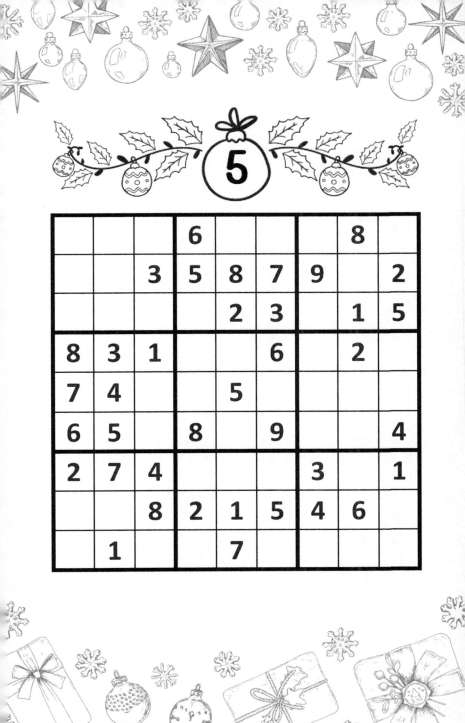

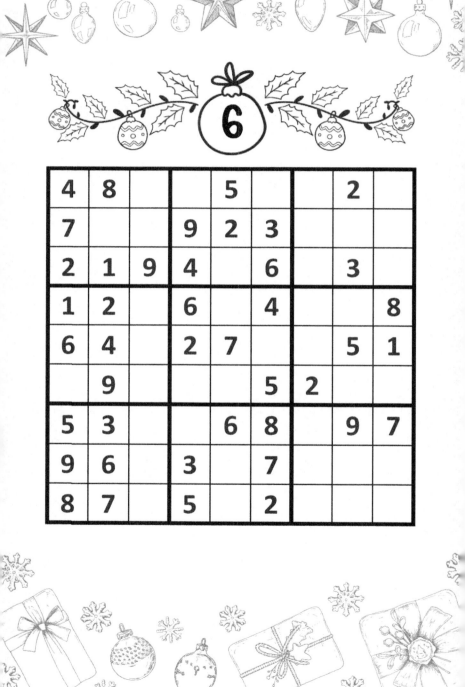

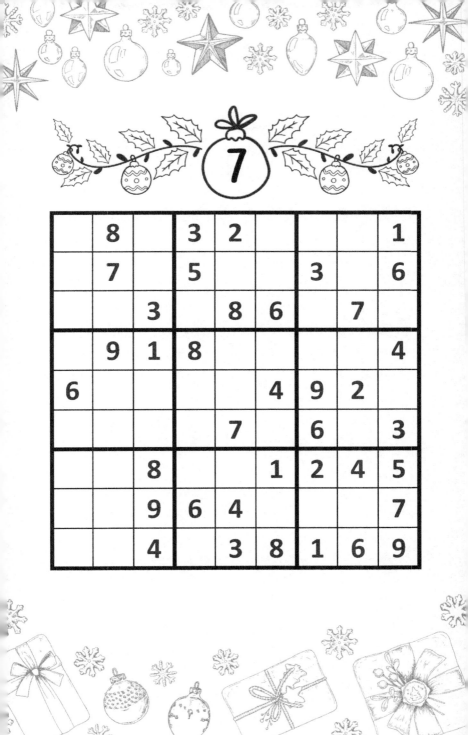

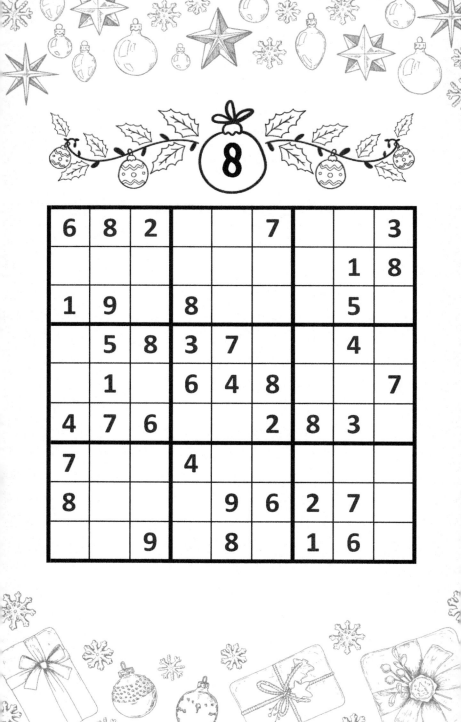

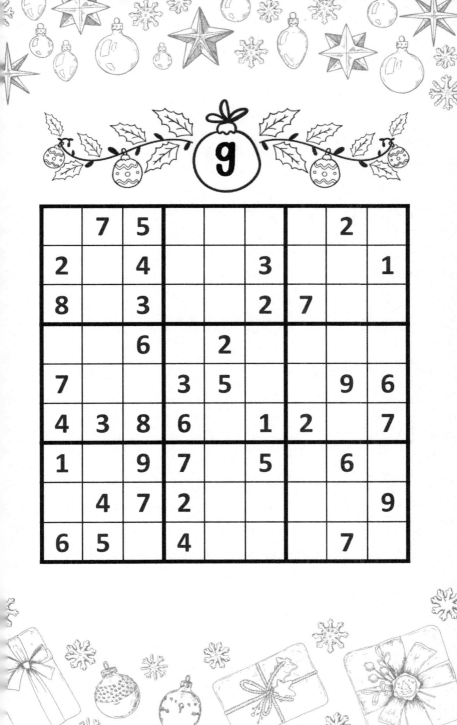

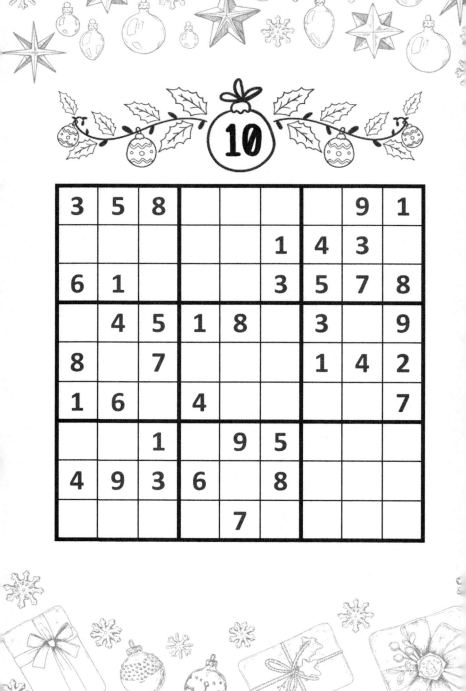

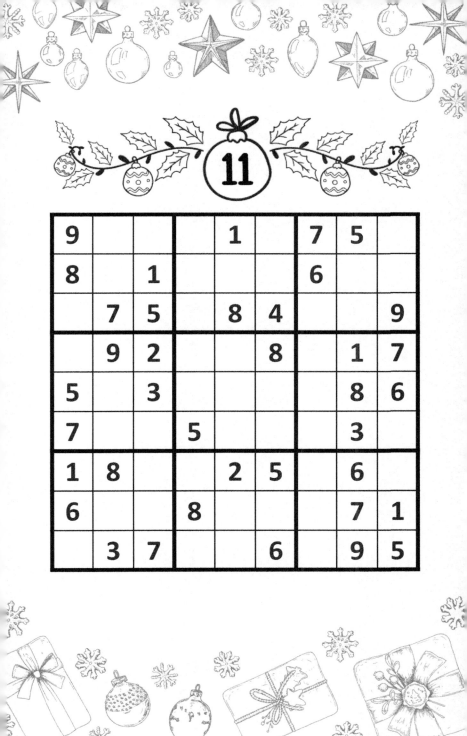

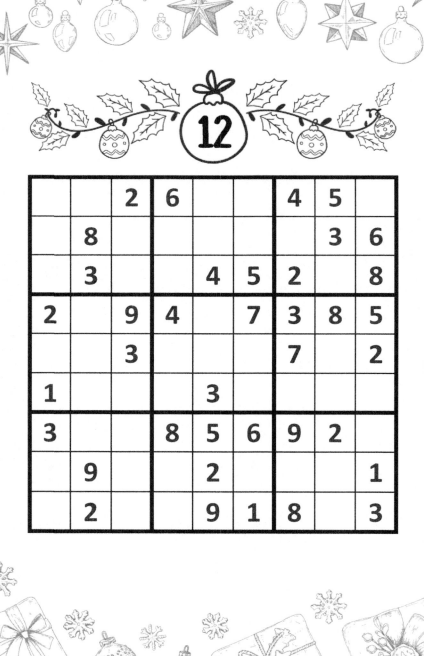

13

	3				5	1	6	
1			2				9	
6	8	9			1	2		
	6	3		8	9			7
	7	1	4		2	9		6
		5			7		8	
	1		5			7		
	4	8		1	3			2
	9	2				8	1	

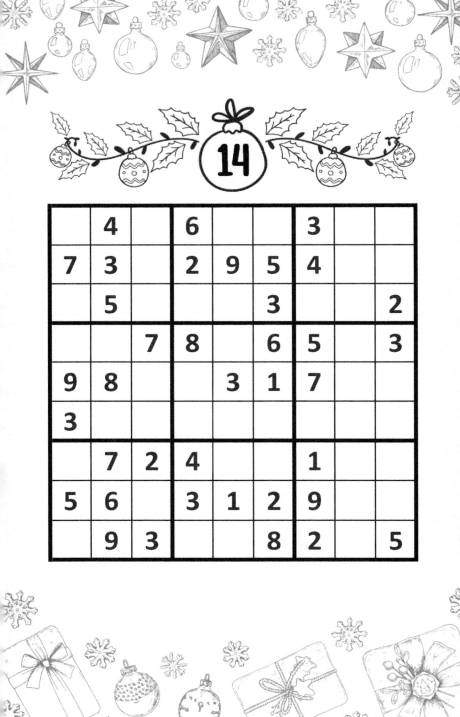

15

			8	1	6	4	2	
6	4		7					
8	1	2	9	3	4	7	6	5
4		9	6				3	1
			4	5	2			
			3				7	
1					8			
7	2	4		6			5	8
9		6					4	

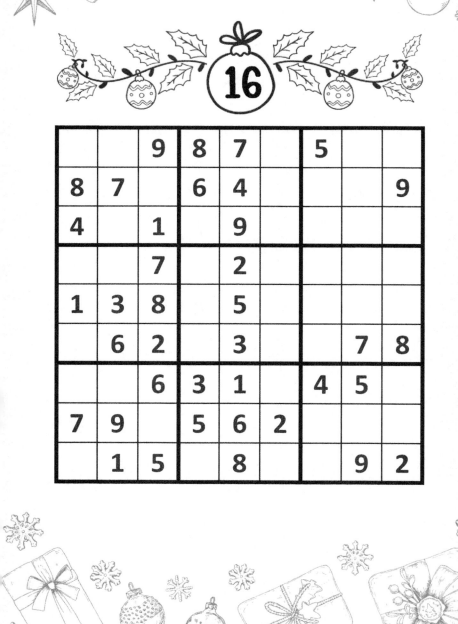

17

9							3	5
			9		3	8		
	4						2	
6	8	4	7		5	3		2
	3	5	2		1		6	
2		9	3	6			4	
		7	1			2		
	9	6	8		2	4	5	
3		8		5	6			

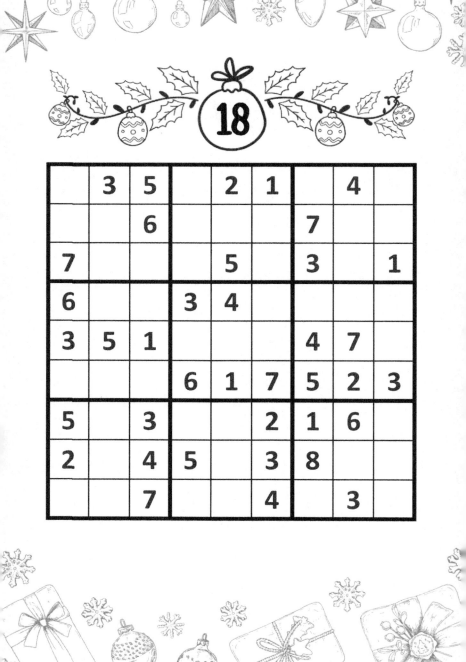

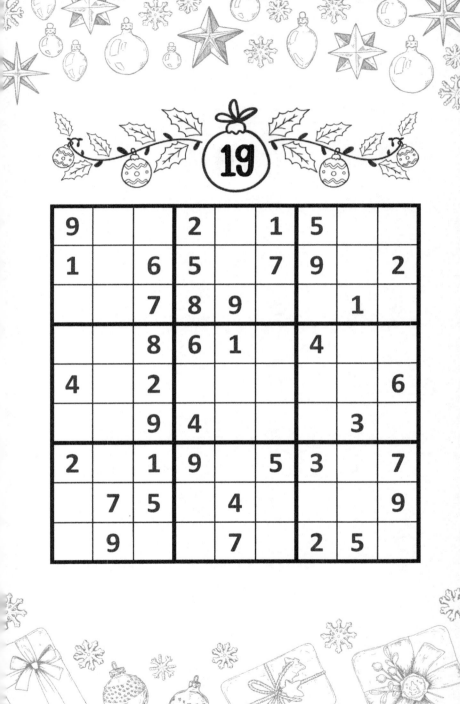

19

9			2		1	5		
1		6	5		7	9		2
		7	8	9			1	
		8	6	1		4		
4		2						6
		9	4				3	
2		1	9		5	3		7
	7	5		4				9
	9			7		2	5	

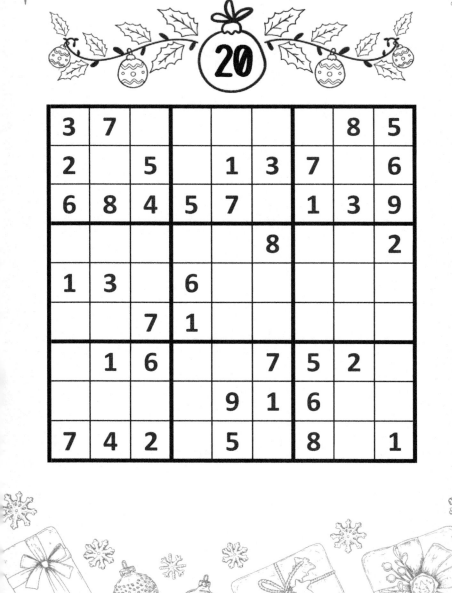

SOLUTIONS

LEVEL EASY SOLUTIONS

SUDOKU - 1 (Solution)

2	9	3	5	1	8	6	7	4
6	1	5	7	9	4	8	3	2
4	8	7	2	6	3	5	1	9
3	2	6	1	5	9	4	8	7
7	4	1	3	8	6	9	2	5
8	5	9	4	2	7	3	6	1
9	7	4	8	3	2	1	5	6
5	3	2	6	4	1	7	9	8
1	6	8	9	7	5	2	4	3

SUDOKU - 2 (Solution)

9	2	6	3	1	8	7	5	4
4	7	8	6	2	5	3	1	9
5	3	1	7	9	4	2	8	6
1	4	9	5	7	2	6	3	8
3	6	7	4	8	1	5	9	2
2	8	5	9	6	3	4	7	1
6	9	3	1	4	7	8	2	5
7	1	2	8	5	6	9	4	3
8	5	4	2	3	9	1	6	7

SUDOKU - 3 (Solution)

3	4	5	9	6	2	1	8	7
9	7	1	4	5	8	2	3	6
2	6	8	3	7	1	4	5	9
7	9	3	5	8	4	6	2	1
4	5	6	1	2	9	3	7	8
1	8	2	6	3	7	5	9	4
6	3	9	8	4	5	7	1	2
8	2	4	7	1	3	9	6	5
5	1	7	2	9	6	8	4	3

SUDOKU - 4 (Solution)

9	3	4	2	5	6	1	7	8
6	2	1	4	8	7	3	9	5
8	5	7	1	3	9	6	2	4
5	9	2	6	7	4	8	3	1
3	7	6	9	1	8	4	5	2
1	4	8	5	2	3	9	6	7
2	1	3	8	9	5	7	4	6
4	8	9	7	6	2	5	1	3
7	6	5	3	4	1	2	8	9

SUDOKU - 5 (Solution)

4	9	3	6	5	7	2	8	1
1	5	6	4	8	2	3	7	9
2	7	8	9	1	3	4	5	6
5	8	7	3	9	6	1	4	2
6	1	4	2	7	5	9	3	8
3	2	9	1	4	8	5	6	7
8	4	5	7	2	1	6	9	3
7	6	1	5	3	9	8	2	4
9	3	2	8	6	4	7	1	5

SUDOKU - 6 (Solution)

3	2	1	4	8	7	6	9	5
7	9	5	6	3	2	8	1	4
4	8	6	1	9	5	2	3	7
2	5	8	9	4	1	7	6	3
6	4	7	8	2	3	1	5	9
9	1	3	7	5	6	4	2	8
8	7	2	3	1	9	5	4	6
5	6	9	2	7	4	3	8	1
1	3	4	5	6	8	9	7	2

SUDOKU - 7 (Solution)

4	5	6	2	1	3	8	7	9
3	7	9	5	8	4	1	2	6
1	8	2	9	6	7	4	5	3
2	4	3	6	7	9	5	8	1
7	6	1	8	2	5	9	3	4
8	9	5	3	4	1	2	6	7
6	2	7	1	9	8	3	4	5
9	3	4	7	5	2	6	1	8
5	1	8	4	3	6	7	9	2

SUDOKU - 8 (Solution)

6	4	9	5	1	8	7	2	3
3	5	8	2	6	7	4	1	9
7	2	1	3	4	9	6	5	8
9	7	4	6	3	2	5	8	1
1	6	5	9	8	4	2	3	7
2	8	3	7	5	1	9	4	6
5	9	6	8	2	3	1	7	4
4	3	2	1	7	6	8	9	5
8	1	7	4	9	5	3	6	2

SUDOKU - 9 (Solution)

6	7	5	1	3	2	8	9	4
2	9	1	6	8	4	7	3	5
4	8	3	9	7	5	6	2	1
7	4	8	5	6	9	2	1	3
1	6	2	8	4	3	5	7	9
5	3	9	7	2	1	4	6	8
3	5	7	4	1	6	9	8	2
9	2	6	3	5	8	1	4	7
8	1	4	2	9	7	3	5	6

SUDOKU - 10 (Solution)

6	3	1	4	2	5	8	7	9
5	4	9	3	7	8	6	1	2
8	7	2	9	6	1	3	5	4
4	5	7	8	3	6	9	2	1
2	1	6	7	4	9	5	8	3
3	9	8	5	1	2	4	6	7
9	2	3	6	5	7	1	4	8
1	6	4	2	8	3	7	9	5
7	8	5	1	9	4	2	3	6

SUDOKU - 11 (Solution)

7	8	5	1	6	9	3	2	4
1	3	6	5	4	2	9	8	7
9	2	4	8	7	3	6	5	1
4	9	1	6	5	8	2	7	3
5	6	2	3	9	7	1	4	8
3	7	8	4	2	1	5	6	9
8	4	3	2	1	6	7	9	5
2	5	7	9	3	4	8	1	6
6	1	9	7	8	5	4	3	2

SUDOKU - 12 (Solution)

2	4	6	9	3	7	8	1	5
8	3	7	6	5	1	2	9	4
1	9	5	2	4	8	7	6	3
6	1	8	5	9	3	4	7	2
7	5	4	8	6	2	1	3	9
3	2	9	1	7	4	6	5	8
4	7	2	3	1	9	5	8	6
9	6	1	4	8	5	3	2	7
5	8	3	7	2	6	9	4	1

SUDOKU - 13 (Solution)

3	7	6	4	9	2	1	8	5
1	2	8	6	5	7	9	4	3
5	4	9	8	3	1	2	6	7
7	6	3	5	1	9	8	2	4
4	8	5	7	2	6	3	9	1
2	9	1	3	4	8	5	7	6
6	3	7	9	8	5	4	1	2
9	5	2	1	6	4	7	3	8
8	1	4	2	7	3	6	5	9

SUDOKU - 14 (Solution)

1	3	7	6	2	8	9	5	4
8	2	6	9	5	4	1	7	3
9	4	5	1	3	7	8	2	6
3	9	4	2	1	5	6	8	7
2	7	1	8	6	9	4	3	5
6	5	8	7	4	3	2	1	9
5	6	9	3	8	2	7	4	1
7	8	3	4	9	1	5	6	2
4	1	2	5	7	6	3	9	8

SUDOKU - 15 (Solution)

9	5	1	4	3	7	2	6	8
8	4	2	9	1	6	7	3	5
6	7	3	8	5	2	4	1	9
1	9	4	2	7	3	8	5	6
3	2	7	5	6	8	9	4	1
5	6	8	1	4	9	3	7	2
2	3	5	6	9	4	1	8	7
4	8	6	7	2	1	5	9	3
7	1	9	3	8	5	6	2	4

SUDOKU - 16 (Solution)

5	3	1	8	6	4	9	2	7
2	6	4	7	5	9	8	3	1
8	7	9	3	2	1	6	4	5
3	8	6	9	1	2	5	7	4
1	5	2	4	7	6	3	9	8
9	4	7	5	3	8	2	1	6
7	9	8	2	4	5	1	6	3
6	2	3	1	8	7	4	5	9
4	1	5	6	9	3	7	8	2

SUDOKU - 17 (Solution)

4	8	2	3	1	5	6	7	9
3	7	9	4	8	6	1	5	2
5	6	1	7	9	2	8	3	4
6	1	8	9	4	3	5	2	7
7	4	5	6	2	8	3	9	1
9	2	3	5	7	1	4	6	8
2	9	6	8	5	4	7	1	3
1	3	4	2	6	7	9	8	5
8	5	7	1	3	9	2	4	6

SUDOKU - 18 (Solution)

9	6	7	2	4	5	3	8	1
5	2	4	8	1	3	6	9	7
1	8	3	7	6	9	5	4	2
6	1	2	4	9	7	8	3	5
3	5	8	6	2	1	9	7	4
4	7	9	3	5	8	2	1	6
2	9	5	1	3	4	7	6	8
7	4	6	9	8	2	1	5	3
8	3	1	5	7	6	4	2	9

SUDOKU - 19 (Solution)

7	3	4	6	5	2	9	8	1
5	8	6	9	3	1	7	2	4
1	9	2	7	4	8	3	5	6
8	6	7	4	1	3	5	9	2
2	5	9	8	7	6	4	1	3
3	4	1	5	2	9	8	6	7
6	2	5	3	9	7	1	4	8
9	7	8	1	6	4	2	3	5
4	1	3	2	8	5	6	7	9

SUDOKU - 20 (Solution)

4	1	2	5	7	9	8	6	3
9	3	5	1	8	6	4	2	7
7	8	6	4	2	3	9	1	5
8	9	1	3	5	2	6	7	4
3	5	7	8	6	4	2	9	1
2	6	4	9	1	7	3	5	8
1	2	3	7	9	8	5	4	6
5	4	9	6	3	1	7	8	2
6	7	8	2	4	5	1	3	9

LEVEL MEDIUM SOLUTIONS

SUDOKU - 1 (Solution)

2	1	8	3	9	5	6	7	4
7	6	5	8	2	4	1	3	9
9	4	3	6	1	7	2	8	5
8	2	6	7	4	9	5	1	3
5	9	1	2	8	3	7	4	6
4	3	7	1	5	6	8	9	2
3	7	9	5	6	8	4	2	1
6	8	2	4	3	1	9	5	7
1	5	4	9	7	2	3	6	8

SUDOKU - 2 (Solution)

5	9	4	3	2	8	1	7	6
6	1	2	4	7	9	8	3	5
3	8	7	5	6	1	2	4	9
7	3	8	9	4	5	6	2	1
2	5	6	1	8	7	3	9	4
1	4	9	6	3	2	7	5	8
9	2	3	8	5	6	4	1	7
8	7	1	2	9	4	5	6	3
4	6	5	7	1	3	9	8	2

SUDOKU - 3 (Solution)

1	4	2	8	7	3	9	5	6
3	8	9	6	1	5	7	2	4
6	5	7	2	4	9	8	3	1
5	9	6	7	8	1	3	4	2
4	2	3	9	5	6	1	7	8
8	7	1	3	2	4	6	9	5
2	3	5	1	6	7	4	8	9
9	6	8	4	3	2	5	1	7
7	1	4	5	9	8	2	6	3

SUDOKU - 4 (Solution)

7	6	9	8	3	2	1	5	4
2	5	4	9	1	7	6	3	8
1	8	3	6	5	4	7	2	9
6	9	7	3	8	1	5	4	2
4	1	5	2	6	9	3	8	7
3	2	8	4	7	5	9	1	6
5	7	2	1	4	6	8	9	3
8	4	1	7	9	3	2	6	5
9	3	6	5	2	8	4	7	1

SUDOKU - 5 (Solution)

8	4	7	9	3	6	1	5	2
5	3	6	4	2	1	7	9	8
2	9	1	5	8	7	3	6	4
6	5	3	2	1	9	4	8	7
1	7	8	6	5	4	2	3	9
4	2	9	8	7	3	6	1	5
9	1	4	7	6	5	8	2	3
7	6	2	3	9	8	5	4	1
3	8	5	1	4	2	9	7	6

SUDOKU - 6 (Solution)

3	6	7	8	5	4	9	2	1
1	4	5	3	9	2	8	7	6
9	8	2	7	6	1	5	4	3
8	3	4	6	1	7	2	9	5
2	5	9	4	8	3	6	1	7
6	7	1	5	2	9	4	3	8
7	9	8	1	4	6	3	5	2
4	1	6	2	3	5	7	8	9
5	2	3	9	7	8	1	6	4

SUDOKU - 7 (Solution)

7	6	1	4	2	9	5	8	3
2	4	5	1	3	8	9	6	7
3	8	9	5	6	7	4	1	2
6	9	2	8	1	5	7	3	4
4	7	8	3	9	2	6	5	1
1	5	3	7	4	6	8	2	9
8	2	4	6	7	1	3	9	5
9	3	6	2	5	4	1	7	8
5	1	7	9	8	3	2	4	6

SUDOKU - 8 (Solution)

1	6	5	9	4	8	7	3	2
4	2	7	1	6	3	5	8	9
9	3	8	7	5	2	4	6	1
2	5	6	8	9	1	3	7	4
8	1	9	4	3	7	2	5	6
7	4	3	6	2	5	9	1	8
5	7	4	2	1	6	8	9	3
6	8	2	3	7	9	1	4	5
3	9	1	5	8	4	6	2	7

SUDOKU - 9 (Solution)

9	8	1	7	6	3	5	2	4
2	3	5	1	8	4	9	6	7
7	4	6	5	9	2	1	3	8
1	6	7	3	4	9	2	8	5
4	9	3	8	2	5	7	1	6
8	5	2	6	1	7	4	9	3
3	1	4	2	5	6	8	7	9
6	2	9	4	7	8	3	5	1
5	7	8	9	3	1	6	4	2

SUDOKU - 10 (Solution)

9	5	7	1	3	8	6	2	4
2	6	4	5	9	7	8	3	1
3	8	1	4	2	6	5	7	9
5	7	9	8	4	2	3	1	6
8	3	2	6	5	1	9	4	7
4	1	6	3	7	9	2	5	8
7	9	5	2	8	4	1	6	3
1	2	8	7	6	3	4	9	5
6	4	3	9	1	5	7	8	2

SUDOKU - 11 (Solution)

2	8	7	6	4	5	1	3	9
5	9	1	7	2	3	6	8	4
6	3	4	9	1	8	5	2	7
8	2	3	4	6	1	9	7	5
1	4	5	8	7	9	3	6	2
9	7	6	3	5	2	8	4	1
4	1	9	2	3	6	7	5	8
3	5	2	1	8	7	4	9	6
7	6	8	5	9	4	2	1	3

SUDOKU - 12 (Solution)

9	3	5	7	8	4	2	6	1
7	8	1	9	2	6	4	5	3
4	6	2	5	1	3	9	8	7
5	4	6	3	7	1	8	2	9
1	2	8	6	5	9	3	7	4
3	9	7	8	4	2	5	1	6
6	5	3	1	9	8	7	4	2
8	1	4	2	3	7	6	9	5
2	7	9	4	6	5	1	3	8

SUDOKU - 13 (Solution)

2	7	8	4	5	9	1	3	6
4	3	6	2	7	1	8	5	9
1	5	9	8	6	3	7	2	4
8	6	7	3	4	5	2	9	1
5	4	3	9	1	2	6	8	7
9	1	2	7	8	6	5	4	3
7	2	4	6	9	8	3	1	5
3	9	1	5	2	7	4	6	8
6	8	5	1	3	4	9	7	2

SUDOKU - 14 (Solution)

8	3	7	2	5	4	6	1	9
9	5	6	7	3	1	4	2	8
1	4	2	6	9	8	5	7	3
5	7	3	1	2	6	8	9	4
4	1	8	3	7	9	2	6	5
6	2	9	4	8	5	7	3	1
7	8	4	9	6	3	1	5	2
3	6	1	5	4	2	9	8	7
2	9	5	8	1	7	3	4	6

SUDOKU - 15 (Solution)

8	9	4	1	6	5	7	3	2
2	3	1	7	4	9	5	6	8
6	5	7	3	2	8	4	1	9
4	6	5	9	8	1	3	2	7
7	8	9	4	3	2	1	5	6
1	2	3	5	7	6	8	9	4
3	4	2	6	5	7	9	8	1
9	7	8	2	1	3	6	4	5
5	1	6	8	9	4	2	7	3

SUDOKU - 16 (Solution)

5	6	4	9	3	1	8	7	2
8	1	9	6	2	7	5	4	3
2	7	3	8	4	5	1	9	6
9	4	2	1	5	6	7	3	8
1	3	6	4	7	8	2	5	9
7	8	5	2	9	3	4	6	1
6	9	8	7	1	4	3	2	5
3	2	7	5	8	9	6	1	4
4	5	1	3	6	2	9	8	7

SUDOKU - 17 (Solution)

5	8	9	1	2	6	3	7	4
2	6	7	8	3	4	1	9	5
1	4	3	5	9	7	2	8	6
3	5	4	9	8	1	7	6	2
7	1	8	2	6	3	5	4	9
6	9	2	7	4	5	8	3	1
4	2	1	6	7	8	9	5	3
8	3	5	4	1	9	6	2	7
9	7	6	3	5	2	4	1	8

SUDOKU - 18 (Solution)

7	8	6	2	5	4	1	3	9
4	9	3	8	6	1	5	2	7
2	1	5	3	7	9	6	4	8
1	6	2	7	3	8	4	9	5
8	5	9	6	4	2	3	7	1
3	7	4	1	9	5	2	8	6
9	2	8	4	1	6	7	5	3
6	4	7	5	8	3	9	1	2
5	3	1	9	2	7	8	6	4

SUDOKU - 7 (Solution)

5	8	6	3	2	7	4	9	1
4	7	2	5	1	9	3	8	6
9	1	3	4	8	6	5	7	2
2	9	1	8	6	3	7	5	4
6	3	7	1	5	4	9	2	8
8	4	5	9	7	2	6	1	3
3	6	8	7	9	1	2	4	5
1	2	9	6	4	5	8	3	7
7	5	4	2	3	8	1	6	9

SUDOKU - 8 (Solution)

6	8	2	5	1	7	4	9	3
3	4	5	2	6	9	7	1	8
1	9	7	8	3	4	6	5	2
2	5	8	3	7	1	9	4	6
9	1	3	6	4	8	5	2	7
4	7	6	9	5	2	8	3	1
7	6	1	4	2	5	3	8	9
8	3	4	1	9	6	2	7	5
5	2	9	7	8	3	1	6	4

SUDOKU - 9 (Solution)

9	7	5	1	4	8	6	2	3
2	6	4	5	7	3	9	8	1
8	1	3	9	6	2	7	4	5
5	9	6	8	2	7	1	3	4
7	2	1	3	5	4	8	9	6
4	3	8	6	9	1	2	5	7
1	8	9	7	3	5	4	6	2
3	4	7	2	8	6	5	1	9
6	5	2	4	1	9	3	7	8

SUDOKU - 10 (Solution)

3	5	8	7	4	6	2	9	1
9	7	2	8	5	1	4	3	6
6	1	4	9	2	3	5	7	8
2	4	5	1	8	7	3	6	9
8	3	7	5	6	9	1	4	2
1	6	9	4	3	2	8	5	7
7	2	1	3	9	5	6	8	4
4	9	3	6	1	8	7	2	5
5	8	6	2	7	4	9	1	3

SUDOKU - 11 (Solution)

9	4	6	2	1	3	7	5	8
8	2	1	9	5	7	6	4	3
3	7	5	6	8	4	1	2	9
4	9	2	3	6	8	5	1	7
5	1	3	4	7	2	9	8	6
7	6	8	5	9	1	4	3	2
1	8	9	7	2	5	3	6	4
6	5	4	8	3	9	2	7	1
2	3	7	1	4	6	8	9	5

SUDOKU - 12 (Solution)

7	1	2	6	8	3	4	5	9
5	8	4	2	7	9	1	3	6
9	3	6	1	4	5	2	7	8
2	6	9	4	1	7	3	8	5
4	5	3	9	6	8	7	1	2
1	7	8	5	3	2	6	9	4
3	4	1	8	5	6	9	2	7
8	9	7	3	2	4	5	6	1
6	2	5	7	9	1	8	4	3

Printed in Great Britain
by Amazon